OBSERVATIONS

SUR LA

RÉFORME DU CODE

D'INSTRUCTION CRIMINELLE

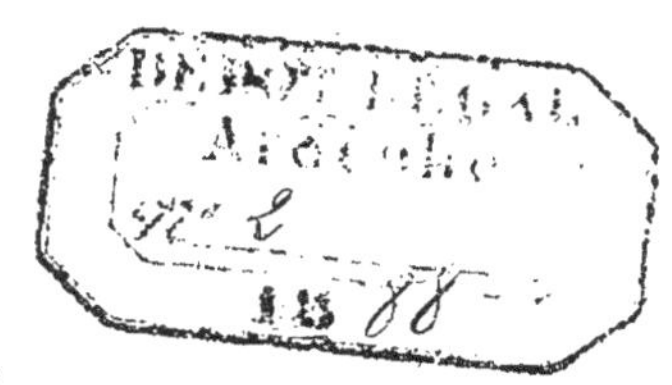

PRIVAS ET ANNONAY

TYPOGRAPHIE ET LITHOGRAPHIE L. VOLLE

—

1888

OBSERVATIONS

SUR LA

RÉFORME DU CODE

D'INSTRUCTION CRIMINELLE

PRIVAS ET ANNONAY

TYPOGRAPHIE ET LITHOGRAPHIE L. VOLLE

1888

OBSERVATIONS

Si une réforme du Code d'instruction criminelle est désirable, est-ce celle que l'on propose, en voulant assurer dans tous les cas la libre communication de l'accusé avec un défenseur ?

Nous indiquerons les inconvénients à prévoir, en nous mettant en face de la réalité des choses, en cherchant à tirer des leçons de la pratique. Les sciences politiques ne sont pas purement abstraites ; elles doivent tenir compte des milieux.

Nous verrons ensuite les améliorations qui, selon nous, pourraient être réalisées. Certaines de ces innovations paraîtront peut-être même très hardies ; ce n'est pas devant le nouveau que nous reculons, mais devant l'improvisé ; le nouveau aussi doit être discuté. Le législateur doit avoir le souci, quand son attention est éveillée par des abus dont l'opinion est saisie, de ne pas se laisser entraîner, pour les prévenir, à adopter d'enthousiasme un système dont on dit : *Sunt bona*, pour être obligé bientôt après d'ajouter : *Sunt mediocria quœdam, sunt pleraque mala.* Mieux vaudrait conserver une législation qui ne serait point parfaite (quelle est l'institution sociale qui pourrait avoir la prétention de l'être ?), mais dont : *sunt pleraque bona.* — A quelles légèretés conduit l'esprit de critique à outrance ! — On a exploité, pour monter à l'assaut du régime actuel, les procédés de M. V... ; or quelle est la réforme qui empêcherait un juge fantaisiste d'aller à un bureau de téléphone pour obtenir des révélations, en prenant une fausse qualité, ou d'inviter à déjeuner, au sortir de son cabinet, un témoin qu'il mettra le soir même en état d'arrestation ?

Système de la libre communication de l'inculpé avec un défenseur. — D'abord il faut remarquer que, sous l'empire de la législation actuelle, la très grande majorité des affaires, à peu près toutes celles qui sont suivies directement par le ministère public et nombre de celles qui ont été mises à l'information, sont instruites et réglées sans arrestation du prévenu, c'est-à-dire que celui-ci reste en libre communication avec ses conseils.

Dans certains cas d'arrestation, pour les affaires de vagabondage par exemple, où il s'agit simplement de vérifier les faits matériels par lesquels l'inculpé prétend justifier de moyens d'existence réguliers, le défenseur ne pourrait être que le collaborateur du magistrat instructeur ; ses services seraient peut-être superflus, mais tout au moins ils n'apporteraient pas d'entraves.

Mais il est d'autres affaires, et ce sont souvent précisément les grands crimes, assassinats, meurtres, attentats aux mœurs, incendies volontaires, etc., dont l'instruction est semée des difficultés les plus grandes. Les malfaiteurs n'agissent pas, sans prendre de sérieuses précautions ; ils savent à quoi ils s'exposent ; plus l'attentat est grave, plus apparaît la nécessité de la prudence.— Eh bien ! si l'on est pénétré de cette considération ; si l'on songe en même temps à l'intérêt qu'a la société à assurer la répression des crimes commis, pour en prévenir de nouveaux, comment donner au défenseur, c'est-à-dire à un individu dont le choix ne dépend que du libre arbitre de l'accusé, des pouvoirs qui n'appartiennent même pas aujourd'hui au magistrat choisi par la Chancellerie pour diriger l'information ? — Les entretiens de l'inculpé avec le juge d'instruction doivent être rédigés par écrit ; le greffier sert d'intermédiaire ; une fois l'interrogatoire dicté, il doit en être donné lecture à l'inculpé, qui est interpellé pour savoir s'il persiste et invité à apposer sa signature. Et le défenseur communiquerait dans le secret le plus absolu, sans qu'il reste trace de rien, avec un individu qui n'a pas été mis en état de détention sans quelques indices, par pur caprice, en vertu d'une lettre de cachet ! — Il faudrait voir toutes les plaintes, tous les procès-verbaux classés sans suite dans les Parquets, et l'on se rendrait bien compte que les agents auxquels est confiée l'action publique ne laissent pas que d'avoir une certaine prudence. — L'inculpé doit être présumé innocent, dit-on. Rien de plus dangereux que les maximes dont le sens n'est pas suffisamment précis. Est-ce à dire que l'inculpé ait le droit d'être traité comme s'il était innocent ? — Mais alors rayez la détention préventive de notre procédure criminelle ; la simple mise à l'information serait illégitime, car c'est déjà une mesure afflictive et qui, même en cas de non-lieu, peut laisser peser sur la réputation de celui qu'elle a visé une équivoque ineffaçable. Il n'y aurait de poursuites possibles que pour les flagrants délits.—La vérité est que l'on n'arrête pas une personne, sans qu'il y ait des présomptions suffisamment graves de culpabilité, et il est nécessaire que le magistrat instructeur se préoccupe d'habiletés et de ruses à prévoir, tout en ayant aussi le devoir de peser et de vérifier avec le plus grand soin les moyens de défense présentés par l'inculpé. — L'inculpé est-il réellement coupable : s'il est mis à chaque moment au courant de l'état réel des faits acquis à l'information ; s'il a un intermédiaire pour concerter une entente avec des complices ou des témoins accessibles aux influences, n'ayant

pas la fermeté de résister à certaines considérations de
pitié, d'intérêt, à la crainte de la vengeance de la famille, ou
pour faire disparaître des objets compromettants qui n'ont
pas été découverts, mais qui peuvent l'être à tout instant ;
s'il est encouragé à produire le plus souvent cette excuse
que sa mémoire est courte, qu'il est trop troublé pour
rappeler ses souvenirs, dans certains cas à persister dans
des dénégations contraires à toute vraisemblance (car on
fera valoir à l'audience que le vrai peut quelquefois n'être
pas vraisemblable), à ne se laisser en tout cas jamais
entraîner à des aveux dans le trouble produit par une
confrontation ou la révélation de certaines charges, parce
qu'il sera toujours temps d'y arriver à l'audience ou avant
même la clôture de l'information, pour plaider avec plus
de force les circonstances atténuantes, présenter des ex-
cuses dont le contrôle ne serait plus possible, ou rejeter la
plus grande partie de la faute sur un complice, après s'être
assuré à la réflexion que les charges relevées ne permettent réellement plus de continuer la lutte pour l'acquittement, après avoir vainement recherché des circonstances
dont on tirerait parti pour jeter du doute sur certaines
dépositions, faits ayant entaché la réputation des témoins,
mésintelligence ayant existé entre eux et sa famille, ou
une rectification du système de défense pour les éluder,
après avoir tenté d'obtenir de faux témoignages pour
affaiblir la force de ceux qui gênent, après avoir examiné
si la procédure ne constate pas chez les témoins des hési-
tations à remplir le devoir de dire toute la vérité, devoir
dont l'accomplissement est parfois pénible, parfois même
dangereux, des contradictions, des défauts de mémoire sur
des points de détail sur lesquels l'attention ne s'était pas
suffisamment portée, mais que l'on exploitera pour mettre
en défiance sur le principal (N'avouez jamais, dit la sagesse
des vieux habitués des prisons) ; s'il est mis à même de
profiter de tous les artifices que l'expérience et des disposi-

tions natives, ayant fait. sa réputation, suggèrent à un spécialiste, combien deviendra-t-il rare d'aboutir dans les affaires où il ne s'agit pas simplement d'individus pris, suivant l'expression vulgaire, la main dans le sac ? Comment, dans ces conditions, dissiper tous les doutes, ce qui est nécessaire pour obtenir une condamnation !

Le rapporteur de la commission à la Chambre à répondu par un trait d'esprit, en citant l'histoire de ce capitaine suisse qui, chargé après une bataille de faire enlever les morts, faisait jeter tous les corps pêle-mêle dans une fosse, et, sur l'observation que plusieurs donnaient encore signe de vie, répondait : « Baste ! si l'on voulait les croire, il n'y en aurait pas un de mort.» — C'est éluder une discussion qui embarrasse.— Que dirait-on du prévenu qui ne trouverait que cette réponse aux objections opposées à son système de défense : « Baste ! Monsieur le Juge ou Monsieur le Président, si on voulait vous croire, il n'y en aurait pas un d'innocent?»—Le dialogue suivant, entre les partisans des systèmes en présence : « Vous voulez enterrer tout le monde » — « Vous voulez ouvrir toutes grandes les portes des prisons », pourrait continuer longtemps, sans que la lumière se fît.

Prenons quelques exemples, à l'appui de nos objections, presque au hasard, en dehors des cas de flagrant délit.

Au printemps dernier, une brave femme de 72 ans était étranglée par un neveu qu'elle avait élevé et à qui elle avait légué sa succession et par la femme de ce dernier ; puis pendue, pour faire croire à un suicide. Le système du suicide n'était pas sérieux. Mais subsidiairement les époux C... en avaient combiné un second autrement habile ; au milieu d'une dispute, dans un moment de vivacité, à bout de patience, la femme C... avait sauté au cou de la tante de son mari, vieille du caractère de laquelle elle avait beaucoup à souffrir, et l'avait étranglée ; une fois le meurtre par elle accompli, son mari avait consenti à la couvrir, en l'aidant à pendre la victime, pour faire croire à un suicide. — Aucun témoin pour renverser cet échaffaudage, qui serait demeuré inébranlable, si C... n'était sorti des termes de l'entente établie, en faisant une déclaration grave contre sa femme, faute dont l'aurait bien préservé le conseil d'un défenseur ayant la moindre expérience ; mis alors en contradiction, en conflit l'un avec l'autre, s'abandonnant à l'entraînement des récriminations réciproques, ces criminels ont fini par dévoiler toutes les circonstances de l'assassinat.

Dans l'affaire de Barnas, qui a eu un grand retentissement, c'est d'une façon semblable que la vérité à été obtenue

Le 20 juin 1886, un infanticide était découvert dans une fabrique à soie de la commune de L... La fille E. L..., qui venait d'accoucher dans la nuit, fut l'objet d'une inculpation criminelle, avec sa mère qui avait partagé son lit. Celte fille, deux fois dénaturée, commença par se défendre en rejetant l'entière responsabilité de l'attentat sur sa mère, qui, en réalité, y était étrangère, mais qui, très âgée, atteinte de surdité et ne jouissant plus de la plénitude de ses facultés mentales, n'avait pas su l'empêcher. Convaincue de mensonge sur des faits accessoires (aucune personne n'était à même de déposer sur le fait principal), elle finit pourtant par se déconcerter et fit des aveux très précis, qu'elle renouvela quelques jours plus tard, aveux sans lesquels le doute restait grand, malgré les présomptions morales recueillies ; dès qu'elle fut assistée d'un défenseur, elle ne manqua pas d'essayer de les retirer.

Un vol d'argent est commis une après-midi chez les époux P..., fermiers d'un petit bien rural ; il ne pouvait l'avoir été que par deux Italiens rempailleurs qui avaient passé la journée dans leur maison ; mais, avant leur arrestation, ils avaient pu faire disparaître le corps du délit. L'un d'eux reconnut le vol ; il n'avait pas songé à cette hypothèse, qui serait certainement venue à l'esprit délié d'un défenseur et avec laquelle était jeté sur la sincérité de la plainte un doute, très léger sans doute, mais dont les inculpés devaient profiter, c'est l'hypothèse du fermier criant au voleur pour obtenir un délai de paiement de son bailleur. Dans l'espèce, le fermier était précisément déjà en retard.

Un individu, H..., est arrêté, nanti d'objets provenant d'un vol qualifié ; on lui demande la provenance de ces objets, en lui faisant connaître que leur signalement va être envoyé à tous les Parquets ; il avoue alors le vol et donne des détails que le coupable seul pouvait connaître. Un défenseur l'assistant n'aurait-il pas pu lui suggérer de déclarer qu'il avait acheté ces objets à un inconnu, pour les revendre, tenté par la vileté du prix ? Aucun témoin ne l'avait vu sur les lieux du vol. Sans l'aveu, il devait être laissé libre de recommencer la série de ses aventures.

D... et C..., plus formés, possédant plus d'expérience, ont recours, dans des circonstances semblables, au mensonge qui eût été le salut de H... ; toute communication est interdite entre eux à la maison d'arrêt, et, pressés de s'expliquer sur des circonstances de détail sur lesquelles ils n'avaient pas songé tout d'abord à se mettre d'accord, au lieu de rester dans le vague, d'alléguer que leur attention ne s'était pas portée sur ces détails, qu'ils ne se les rappelaient pas, comme un mauvais génie, prévoyant les procédés de l'instruction, les en eût prévenus, ils se contredisent, s'embrouillent si bien qu'ils finissent par faire des aveux, en éclatant de rire.

Dernièrement à L..., un père de famille trouve la mort dans une rixe avec des jeunes gens ayant mauvaise réputation et qui en voulaient à sa famille Les témoins ont tous déclaré d'abord que, dès que des paroles un peu vives avaient commencé à être échangées, ils s'étaient retirés ; les inculpés, qu'aucun d'eux n'avait frappé S... Comment sortir de cette obscurité ? Comment établir que tel inculpé avait porté tel coup et cela en dehors des conditions de la défense ? Encore une fois, les inculpés, assurés par un praticien qu'ils devaient persister dans leurs dénégations absolues, quelque contraires à l'évidence qu'elles fussent, en se gardant bien de rejeter la faute les uns sur les autres ; les témoins, recevant un encouragement semblable et mis au courant à chaque moment de l'état de l'information, c'était l'impunité pour les coupables.

Un voyageur ambulant, P..., qui avait un associé, est arrêté, pour avoir abusé de la crédulité des gens de la campagne, en les trompant sur la qualité de la marchandise vendue. Comment saisir le délit si on lui avait inspiré de déclarer qu'il était de bonne foi, que lui-même avait été trompé, n'étant que le domestique de l'autre voyageur, qui avait continué sa tournée, sans laisser d'adresse, voyageur qui seul eût pu lui donner un démenti, mais qu'il eût été sans doute impossible de retrouver, du moment où l'inculpé, lui donnant un nom imaginaire, aurait prétendu n'avoir aucun renseignement précis sur son compte ? Au contraire, cet individu fournissait les plus grandes précisions sur la qualité des marchandises, pour dénier contre toute évidence les déclarations trompeuses qu'il avait faites aux plaignants.

On veut sauver un docteur en médecine, le docteur L..., dont les attentats à la pudeur sont si nombreux que les contester est devenu impossible. On allègue la monomanie, le dérangement des facultés mentales, l'irresponsabilité. On trouve deux sages-femmes pour produire, à l'actif du docteur, des opérations obstétricales d'une étrangeté qui dépassait la simple légèreté d'esprit ou la simple incapacité professionnelle. Comment ont-elles pu être confondues ? En étant mises en contradiction avec le prévenu qui n'avait pas eu le moyen d'établir une entente ; sur confrontation, l'une d'elles s'est même complètement rétractée.

Cette affaire a ainsi abouti à une condamnation, malgré des efforts désespérés de la part de la défense et à la satisfaction de la conscience publique, qui était complètement soulevée.

Affirme-t-on qu'il n'est pas d'avocat, à l'heure actuelle, capable de se prêter à un rôle pareil? Admettons-le. — Mais n'est-il pas des agents d'affaires, des individus de leur trempe, qui seraient tentés, après le vote de la loi nouvelle, de prendre un diplôme de licencié en droit, pour se faire une réputation de défenseurs des mauvaises causes, capables de toutes les habiletés? Comment frapper disciplinairement une chose aussi peu précise, aussi peu saisissable qu'une réputation équivoque? — Toute profession lucrative trouve à se recruter. N'est-ce pas là une des vérités les moins contestables, et l'admettre, n'est-ce pas aboutir forcément à la condamnation du système proposé? — Une personne dont le témoignage est des plus sûrs nous citait le cas d'un jeune avocat qui lui en voulait d'avoir déconcerté des manœuvres de pression exercés sur un jury dont il était membre; l'avocat savait à quoi s'en tenir sur la culpabilité de son client, un vulgaire voleur, mais il aurait désiré un acquittement pour ses débuts.— Nous avons vu aux assises des défenseurs surpris en flagrant délit de mauvaise foi. —Nous en savons, gens très honnêtes pourtant, qui ont cru pouvoir user de tous les moyens dans des affaires ayant pris, à raison de la situation de l'inculpé, une couleur politique. — Si l'on cède à de telles considérations, combien d'autres peuvent se présenter, qui auraient tout autant de force? — On se dira que le client que l'on est chargé d'assister n'est peut-être pas foncièrement mauvais, qu'il n'a cédé qu'à un égarement passager, que la leçon, l'expiation sont déjà suffisantes, qu'il est absous par le repentir; on finira bientôt par s'en convaincre, à force d'y songer, de vouloir y croire; l'esprit n'est-il pas souvent la dupe du cœur? — Si le client résiste à la pitié, eh bien! c'est la famille qui est intéressante et qu'il faut sauver.

Si l'avocat ne doit donner que de bons conseils, repré-
senter à l'inculpé qu'il lui importe de se pénétrer de cette
vérité que l'innocent, alors même que les apparences lui
sont le plus défavorables, doit se garder, comme du plus
grand des dangers, de recourir à des mensonges pour sa
défense, qu'il ne doit rien affirmer dont il ne serait pas
sûr, qu'il doit se rendre bien compte de la portée exacte
de ses déclarations, se préoccuper de s'assurer si la formule employée par le juge pour rendre sa pensée est
exacte, il n'y aurait qu'avantage à les lui laisser exprimer,
mais, pour cela, le secret est inutile ; pourquoi ne laisserait-
on pas à la société cette garantie de la présence d'un magistrat qui ne ferait que confirmer de telles exhortations
par son approbation ? — On veut le contrôle du juge par la
présence du défenseur, et l'on n'admettrait pas la récipro-
que !

Enfin l'avocat lui-même ne peut-il pas être entraîné, aussi
bien que le juge d'instruction cité par M. Deberly, dans
la discussion à la Chambre, comme ayant obtenu l'aveu
d'un crime d'une femme innocente, à donner à l'inculpé
des conseils autrement dangereux, parce que celui-ci sera
sans défiance à son égard ? — Quand les preuves paraissent
accablantes, par suite de circonstances, de coïncidences
constituant les apparences les plus défavorables, par suite
de la légèreté, de la fausseté de certains témoignages, ne
peut-il pas se sentir troublé, douter des dénégations de
celui qui lutte contre l'erreur ou la calomnie, céder à des
souvenirs qui lui rappelent que le meilleur moyen d'obtenir l'indulgence du juge, c'est de l'apitoyer par le repentir,
que l'excuse peut être présentée avec plus de force, si
l'on n'a pas commencé par soutenir l'invraisemblable, et
alors ses adjurations n'auront-elles pas une influence
autrement puissante que celles du magistrat, pour provo-
quer des aveux trompeurs qui vont égarer la justice ?
N'arrive-t-il pas même aux plus habiles procéduriers, aux

plus habiles défenseurs de compromettre des affaires par des maladresses, comme aux meilleurs médecins de tuer des malades ? — A condamner tout système qui ne garantirait pas contre la possibilité de toute erreur, on aboutirait au nihilisme.

Ce n'est pas seulement la libre communication du prévenu avec un défenseur que nous repoussons dans le système proposé. Nous n'admettons pas non plus qu'il assiste à l'audition des complices ou des témoins. Sans doute il doit prendre connaissance des charges relevées contre lui, pour être mis à même de présenter ses moyens de défense sur chacune d'elles ; il devrait aussi avoir le droit d'exiger d'être confronté avec les témoins qui ont déposé contre lui, mais le choix du moment doit être laissé au juge. C'est, comme nous l'avons vu, un des moyens les plus efficaces, c'est encore un des moyens les plus usuels, pour confondre celui qui, étant coupable, ne cherche qu'à égarer la justice, que de le questionner sur des points sur lesquels l'entente n'est pas déjà établie entre lui et ses complices ou les témoins disposés à la complaisance, sur lesquels il ne peut deviner quelle sera leur réponse ou bien sur lesquels il ignore que la lumière est faite.— Combien seraient facilités ses efforts pour combiner le système d'allégations mensongères qui doit être sa défense, s'il était mis au courant de l'état des faits réellement acquis à l'information ? — On ne peut d'ailleurs commencer par l'interrogatoire (ou tout au moins l'interrogatoire de début est forcément très incomplet), puisque c'est par les témoins que sont révélés les faits ou détails qui en fournissent les éléments.

En somme, quelle réforme poursuit-on ? Quel est le but à atteindre ?

On voudrait empêcher les abus dans l'exercice des fonctions du juge d'instruction.

Dans quels cas y a-t-il abus ?

Lorsque la procédure écrite n'est pas sincère, que la physionomie de l'affaire est altérée, c'est-à-dire si la pensée de l'inculpé ou des témoins est mal traduite, s'il a été usé à leur égard de ces procédés d'intimidation ou d'hypnotisation contre lesquels il est plus facile de protester *in abstracto* qu'il ne le serait de les préciser ; si les déclarations n'ont été qu'incomplètement reproduites, alors que le détail négligé est peut-être un indice de nature à mettre sur la véritable piste.

Déjà des garanties extrêmement sérieuses sont consacrées par notre procédure criminelle : l'institution d'un magistrat instructeur permanent, qui reçoit la mission d'instruire à charge et à décharge et qui connaît indistinctement de toutes les affaires survenues dans son arrondissement ; le choix de ce magistrat laissé au pouvoir central (est-ce que la société serait incapable de choisir et surveiller ses fonctionnaires ?) ; son indépendance à l'égard du ministère public, indépendance qui deviendrait plus grande, si le contrôle du cabinet d'instruction était transféré au Premier Président ; l'obligation qui lui est imposée de recueillir toutes déclarations, celles de l'inculpé comme des témoins *in continenti*, d'en dicter la teneur à un intermédiaire assermenté, le greffier, qui ne doit se prêter à aucune altération, de donner lecture de ce qu'il a dicté à celui qui vient d'être entendu, de l'interpeller pour savoir s'il y reconnaît sa déclaration, s'il y persiste, et de lui demander de certifier l'acte de procédure par sa signature ; enfin la perspective de ces débats publics auxquels l'affaire aboutit, en cas de renvoi, où la latitude la plus grande est laissée à la défense, où l'erreur, la falsification pourraient être établies.

Ce n'est point par la libre communication de l'avocat avec l'inculpé que l'on ajouterait à ces garanties, mais seulement par sa présence dans le cabinet du juge et en l'autorisant à demander acte de toutes incorrections, irrégularités ou erreurs. — Ses conclusions devraient être rédigées par écrit, pour en assurer la conservation dans leur véritable formule, et présentées au moment de la clôture de l'acte de procédure, c'est-à-dire au moment où celui qui vient d'être entendu reçoit lecture de ses déclarations et est interpellé pour savoir s'il y persiste, de manière à éviter des interruptions qui déguiseraient un conseil nuisible à la manifestation de la vérité. Ce point nous paraît de la plus grande importance. — A l'audience, les mêmes précautions ne sont plus nécessaires ; ce ne sont que les premiers aveux, les premières déclarations sincères qui sont difficiles à obtenir ; on ne retire pas à volonté ce qui n'a pas été affirmé à la légère ; certaines indications une fois données ont permis les constatations ou vérifications les plus sûres.

De plus nous voudrions que le défenseur, s'il considérait l'information comme incomplète, au point de vue de l'intérêt de son client, eût le droit de le relever, de demander un supplément d'information, comme aujourd'hui le ministère public a le droit d'en requérir ; le pouvoir du juge resterait discrétionnaire, sauf appel de ses décisions à l'autorité de la Cour. — Ce serait rétablir l'égalité entre la défense et l'accusation. — Quand on arrive à l'audience, il s'est déjà écoulé beaucoup de temps ; bien des vérifications, qui auraient été faites utilement plus tôt, ne sont plus possibles. — Il est vrai que la difficulté serait grande, dans bien des tribunaux dont les barreaux ne comprennent que des avocats occupés, peu ou point de stagiaires, pour en trouver qui auraient assez de temps libre pour assister à tous les actes de la procédure. Mais bien souvent le défenseur le plus consciencieux jugera inutile d'assister à certaines dépositions, trouvant suffisante la communication du dossier ; pourquoi ne s'en remettrait-on pas à son honneur professionnel ? La question pratique serait ainsi résolue.

Quand on parle des tortures infligées par le juge d'instruction, l'hyperbole nous paraît singulièrement fantaisiste. Quels instruments *inquisitoriaux* découvrirait-on dans son cabinet ! — Mais il est une mesure qui, à raison du régime actuel des prisons, est très dure pour ceux auxquels elle s'applique, précaution qui est pourtant souvent nécessaire pour empêcher des coprévenus d'établir ou de compléter une entente, de se laisser inspirer par d'autres détenus plus rusés, ayant plus d'expérience, de correspondre avec le dehors par l'intermédiaire de ceux qui sont libérés. Dans les maisons d'arrêt que nous connaissons, l'inculpé mis au secret est isolé dans une chambre qui est à peine éclairée par une ouverture élevée de plusieurs mètres au-dessus du sol et dont la physionomie est d'une tristesse écœurante ; il ne descend jamais dans la cour, pour prendre l'air ; il est livré, pour ainsi dire, à cette horreur de se sentir enseveli vivant dans un sépulcre. — Dans ces conditions, l'interdiction de communiquer devient comme une sorte de torture, et l'on comprend le cas de cette femme Doize qui, accusée de parricide, mise au secret, étant enceinte et souffrante, pour être délivrée, fit des aveux dont la fausseté ne fut reconnue qu'après sa condamnation en Cour d'assises. Le cas cité par M. Deberly à la Chambre a peut-être une explication semblable. — Nous avons connu, au contraire, une femme poursuivie pour assassinat, qui, mise au secret, jouissait d'un régime exceptionnel, comme étant nourrice ; sa chambre était chauffée et très gaie ; les plus grandes facilités lui étaient ménagées pour lui permettre de donner tous les soins à son enfant. Eh bien ! cette femme, qui a fini par faire des aveux complets, souffrait si peu de cette mesure qu'elle n'éprouvait aucun désir de passer au quartier commun. Limitée dans ses effets, de manière à ne pas dépasser le but qu'elle a pour objet d'atteindre, l'interdiction de communiquer, qui est souvent indispensable pour la manifestation de la vérité, défierait toute critique. — D'ailleurs la durée de l'interdiction de communiquer ne saurait avoir de maximum fixé par la législation ; elle doit nécessairement être laissée à l'appréciation du juge, qui tiendra compte de la gravité de l'attentat, de la force des présomptions pesant sur l'inculpé, de la mauvaise foi qu'il a montrée ; ne peut-il pas être légitime de la prolonger pour un individu qui, soupçonné d'un crime grave, est convaincu de ne dire que mensonges sur mensonges, dont la vérification exige du temps, ou qui se renferme dans le mutisme sur des faits sur lesquels il est établi qu'il pourrait témoigner ? Si d'ailleurs elle était restreinte à une courte durée (ce ne serait pas autrement la peine d'innover), ce serait le plus fort des encouragements donné à un inculpé ayant des complices d'attendre l'expiration de la période du secret et de ne consentir à fournir des explications ou de ne rectifier son système sur des points où il a été ruiné que lorsqu'il aura le moyen de se concerter avec eux. — Il est actuellement référé à la Chancellerie des motifs des ordonnances de mise au secret ; si l'on voulait, le référé pourrait se faire à une commission comprenant pour partie des membres du Parlement, qui y représenteraient un esprit de critique plus éveillé.

Avec les garanties que nous venons d'énumérer, l'aveu, même obtenu par un défaut de ruse, de ténacité, d'expérience de l'inculpé, ne doit-il pas être considéré comme constituant l'élément de conviction le plus sûr de tous ?

Comment celui qui a la conscience de son innocence, n'ayant aucune torture à subir, ne protesterait-il pas jusqu'au bout contre l'erreur ou la calomnie ?

Le bon sens public ne s'y trompe pas, et rien ne satisfait plus l'opinion, comme la conscience du juge, que l'aveu du prévenu.

L'aveu presque toujours même renferme des indications ou détails qui en permettent la vérification. — Reprenons des cas d'aveux par nous cités dans la première partie de cette étude : les aveux des époux C... se contrôlaient par la concordance des précisions par eux fournies séparément ; même genre de contrôle dans l'affaire de Barnas ; H..., D... et C... donnaient sur les circonstances de leurs vols et sur les lieux, où ils n'avaient jamais pénétré au su des propriétaires, des détails qui eussent été de la divination, s'ils n'avaient pas été les véritables coupables ; les indications du docteur L... permettaient de convaincre de mensonge un des témoins qui cherchait à le sauver, sans s'être concerté avec lui, et amenaient la rétractation de l'autre.

Et c'est ce moyen de preuve que l'on éliminerait, par l'assistance d'un conseil, qui ne l'autoriserait que lorsqu'il deviendrait inutile, ou en proscrivant les interrogatoires écrits, comme cela a été proposé, pour conserver, quoi ? les dépositions des témoins, qui ont égaré la justice autrement souvent, soit par suite d'erreurs, soit par mauvaise foi.

L'affaire Lesurque est présente à tous les esprits, *publica materies*.— L'été dernier, un individu, M..., de L..., était dénoncé par lettre anonyme comme entretenant avec sa fille mineure des relations criminelles qui étaient un scandale public ; dans l'enquête, cinq témoins à charge se découvrirent ; on avait aperçu cet individu et sa fille *in ipsa turpitudine*, par la fenêtre de leur chambre située à un rez-de-chaussée et sur la rue du village ; mais deux hommes de l'art ont déclaré successivement que la prétendue victime était absolument vierge. Comment le père aurait-il échappé, s'il en avait été autrement ! Une fois le non-lieu rendu, les magistrats qui s'étaient occupés de l'affaire étaient dénoncés à la Préfecture et à la Cour d'appel, toujours par lettre anonyme, comme s'étant laissés acheter ; on assurait que l'inculpé s'était vanté d'avoir étouffé l'affaire, en se plaignant que cela lui avait coûté cher.

A M..., nous avons connu un greffier qui était plein du souvenir d'une affaire de chantage des plus tristes ; un employé, appartenant à une administration publique, avait été accusé par sa femme de chambre d'attirer dans son appartement des filles de moins de treize ans pour en abuser ; ces enfants répétaient la leçon apprise, en donnant les plus grands détails sur un appartement où elles n'avaient été introduites que par fraude ; heureusement qu'au dernier moment l'une d'elles finit par se rendre compte de la gravité de cette machination et que, fondant en larmes, elle révéla la vérité ; son exemple fut alors suivi par les autres.

Il y a deux ans, une plainte en escroquerie était déposée par une femme de F..., qui se plaignait que l'un de ses fils, G. R..., cherchait à obtenir d'elle par des menaces, plaintes au Parquet, etc., le remboursement d'une somme qu'il disait avoir été quittancée par un faussaire de complicité avec elle. L'inculpé prétendait n'avoir pas mis les pieds dans le pays depuis trois ans, et la quittance était de mars 1885 ; eh bien ! son père, son frère, un oncle, une tante, un cousin germain, le garde-champêtre de la commune, plusieurs voisins, le notaire rédacteur de l'acte, lui donnaient le démenti le plus formel, et, confrontés avec lui, après son arrestation, persistaient dans leurs déclarations. Deux mois après, le faussaire était arrêté dans une grande ville. Comme G. R..., il était aveugle et chanteur ambulant ; c'étaient leurs seuls traits de ressemblance. Nombre de témoins avaient été de mauvaise foi ; les autres, simplement légers. Les coupables, le faussaire et la mère de G. R..., sa complice, ont été condamnés en Cour d'assises à deux années d'emprisonnement chacun. Un braconnier, R. M..., surpris et poursuivi par des gendarmes, s'était retourné et avait fait feu sur eux ; il s'est trouvé un témoin pour affirmer que les coups de feu avaient été tirés par ces derniers, pour l'arrêter dans sa fuite en l'effrayant, des journaux pour crier au scandale, et, sans les aveux de l'inculpé qui, étant détenu, ignorait les efforts faits en sa faveur, les soupçons les plus graves pesaient sur la carrière de deux braves et loyaux serviteurs de l'Etat.

Un vieillard de 70 ans avait donné son bien à sa nièce, mère de famille, avec réserve du logement et de la nourriture dans son ménage ; bientôt après, celle-ci l'accusait de s'être l.vré sur une de ses filles en bas-âge à des attouchements honteux ; l'affaire est allée jusqu'à la Cour d'assises : à l'audience, l'enfant se renferma dans un mutisme complet, qui fut mis, à raison de son extrême jeunesse, sur le compte de l'intimidation ; la mère témoigna contre son oncle, sur un ton qui fit très mauvaise impression ; l'attitude du père, homme dans l'âge mûr, qui entrecoupait sa déposition d'explosions de sanglots, parut être de la comédie ; enfin l'un des jurés ayant posé aux parents la question de savoir si, après l'attentat, ils avaient laissé l'enfant coucher dans la chambre du vieillard, ceux-ci, pris à l'improviste, répondirent affirmativement : l'acquittement fut enlevé et le public sortit, avec la conviction que l'accusé avait été victime d'une odieuse machination.

Une jeune fille, qui passait pour être d'une sagesse exemplaire, devient souffrante, et, après une longue résistance, est obligée d'avouer à ses parents qu'elle est enceinte. Ce n'est pas son amant, de son âge, qu'elle accuse, mais un père de famille, très honnête homme, chez qui elle avait servi comme domestique, pour donner plus de force, plus de vraisemblance à cette excuse qu'elle aurait été victime d'un acte de violence.

En matière de délits de chasse, de contraventions, de rixes, de diffamation ou injures, c'est chose journalière que la production de faux témoins. Nous avons vu, dans une affaire de diffamation, une commune entière, en Seine-et-Marne, comparaître sur le banc des témoins, divisée en deux camps, dont les déclarations étaient absolument contraires.

En somme, du moment où des *vendetta* se poursuivent dans le sang, du moment où il se trouve des criminels pour faire disparaître par la violence des gens dont la présence les gêne, y a-t-il lieu d'être surpris que la calomnie soit un moyen employé pour arriver aux mêmes fins ? — Y a-t-il lieu surtout d'être surpris qu'un individu coupable se défende en attaquant ? — Ou bien encore pourquoi des criminels, qui trouvent des complices, ne trouveraient-ils pas des témoins complaisants, dans leur famille ou ailleurs, en inspirant des sentiments d'intérêt, ou par la crainte, ou par la corruption ?

Dans le système actuel, le plus grand service que rendent les témoins (ce qu'il ne faudrait pas tendre à faire disparaître), c'est précisément d'arracher des aveux à un individu qui, troublé, embarrassé par la conscience de sa culpabilité, pris à l'improviste, impressionné par l'accent de sincérité d'une déposition, n'a pas la même force pour résister qu'un défenseur dont la mission serait d'être convaincu *a priori* de son innocence, ni sa rouerie, fruit de l'expérience.

Ces réflexions nous amènent à proposer, comme de nature à avoir une réelle efficacité, une addition à la loi pénale. A titre de sanction du serment que les témoins doivent prêter quand ils sont appelés devant le Juge d'instruction, ne conviendrait-il pas d'édicter une pénalité ? Ne serait-ce pas établir une garantie sérieuse en faveur de la manifestation de la vérité ?

Nous venons de voir combien est grand le danger des faux témoignages — Or la loi actuelle ne punit le faux témoignage qu'à l'audience du tribunal. — N'est-ce pas un raisonnement bien simple, de la part d'une personne qui désirerait charger un innocent, que le suivant : « A l'instruction, je n'ai à m'inquiéter de rien, je puis impuné-

ment faire une tentative ; si le mensonge n'est pas découvert, avant le renvoi devant le tribunal, comment le
serait-il à l'audience, dont les débats ne sont que la repro-
duction, sans imprévu, de la procédure antérieure ? Je
n'aurai pas besoin d'une grande hardiesse pour faire cette
dernière déposition, qui, seule, m'exposerait à un danger,
si la vérité venait à être découverte.» — Le témoin à décharge, celui qui, par des considérations de famille, de
pitié, d'intérêt, par crainte de vengeance, hésite à aider à
la manifestation de la vérité, peut faire un raisonnement
semblable et encore restera-t-il plus libre d'inquiétude,
car, à supposer qu'il n'empêche pas l'affaire d'aboutir, il
y a bien des chances pour qu'à l'audience ne soit pas citée
une personne qui a déclaré ne rien savoir, n'avoir rien
vu, n'avoir rien entendu.

Mentir à la Justice, dans la période d'information, peut
causer, d'ores et déjà, un grave préjudice, un tort parfois
irréparable, soit à l'intérêt de l'ordre public, qui est de
prévenir les crimes par la répression de ceux qui sont
commis, en obligeant de clore la procédure par un non-
lieu, soit, lorsque le faux témoignage se produit à
charge, en aboutissant à la mise en état de détention préventive d'un innocent, en donnant un exemple, un encouragement, un appui à d'autres gens qui ne désiraient
qu'une occasion de satisfaire des sentiments de haine ;
dans tous les cas, en faisant perdre du temps, car perdre
du temps, c'est permettre au coupable de se réfugier en
lieu sûr, laisser les indices s'évanouir, les souvenirs des
véritables témoins s'affaiblir, s'effacer ou s'altérer. —
D'ailleurs, pour encourager tout bon mouvement de
retour, le faux témoignage serait absous par la rétractation spontanée, c'est-à-dire antérieure à toutes poursuites.

Aujourd'hui la Justice est encore aidée assez souvent par
une certaine crainte qu'elle inspire : mais, avec la diffusion
des lumières, l'erreur de ceux qui croient que l'on court des

risques à n'être pas sincère, à l'instruction, tend à se dissiper. Au surplus il ne convient pas à sa dignité de profiter d'une erreur. — Pourquoi alors ne pas consacrer un stimulant qui lui est si utile, qui parfois même est indispensable ?—Nous citerons un dernier cas à ce sujet, celui d'un homme ayant une haute situation de famille et qui en avait profité pour corrompre toute la jeunesse mâle de sa petite ville ; ses pratiques honteuses avaient duré plus de vingt années, sans que la justice eût été prévenue ; elle ne l'a été, à la fin, que par lettre anonyme, tant est commune la crainte de se compromettre en dévoilant la vérité. La gendarmerie reçoit des instructions pour faire une enquête avec la plus grande discrétion ; elle confesse, un jour de fête, dans un moment d'ébriété, un des habitués de l'inculpé, mais *testis unus, testis nullus*. Il y a transport du Parquet ; eh bien ! tous ceux qui avaient été indiqués par le premier témoin comme étant au nombre des victimes ont commencé par opposer des dénégations énergiques, tout honteux d'actes auxquels ils s'étaient prêtés, et, s'ils ont fini par parler, ce n'a été que par peur de se compromettre, en persistant dans le mensonge. Ils n'auraient pas demandé mieux que de ne pas se laisser éclabousser par une telle affaire, s'ils avaient reçu l'assurance qu'ils ne couraient aucun risque à cacher ce qui s'était fait, et ainsi échappait un criminel dont la condamnation a satisfait la conscience d'une population entière soulevée d'indignation.

Ce serait une erreur de croire que la garantie contre ces machinations odieuses ayant pour but de perdre un innocent se trouve dans les dispositions de l'article 373 du Code pénal, relatif à la dénonciation calomnieuse. D'après une jurisprudence bien établie, cet article ne s'applique qu'à la dénonciation calomnieuse spontanée dans la forme, non aux témoignages sollicités. — Un crime est-il commis ? La gendarmerie, se transportant sur les lieux, demande des renseignements à tous ceux qui ne l'évitent pas ; c'est une occasión de lancer impunément les déclarations les plus perfides. — Veut-on accuser quelqu'un d'un attentat imaginaire ; c'est par lettre anonyme que l'on procède, en donnant de telles précisions, comme les noms des témoins à entendre, que l'autorité n'hésite pas à prescrire une enquête, d'autant plus que la pratique apprend que les faits les plus graves ne sont pas parfois révélés autrement ; ou bien c'est un bruit qui est mis en circulation et entretenu avec persistance, jusqu'au moment où il parvient à la connaissance de la Justice, dont le devoir est d'éclaircir tout ce qui paraît suspect : si l'accusateur se découvre, les témoins qu'il indique sont tout au moins à l'abri.

Bien qu'admettant en principe le contrôle de la procédure par l'intervention d'un défenseur, nous devons faire observer que, dans l'instruction des affaires délicates, il est souvent une période qui doit rester forcément secrète.

Tant que l'auteur d'un crime est inconnu, ou bien, tant qu'il ne pèse pas de présomptions suffisantes sur un individu pour procéder à son arrestation, comment livrer au public les recherches qui se poursuivent ? Mais ce serait vouloir laisser le coupable échapper par la fuite, dès qu'il comprendrait, lui encore seul parfaitement au courant de la réalité, que sa situation commence à être compromise ou qu'elle va l'être.

Une autre considération que celle qui est relative à la main mise sur la personne du coupable a non moins de force. Il est bien des affaires qui exigent au début une surveillance absolument discrète. — Un individu, qui a été très heureux dans l'exécution d'un crime, commence par être imprudent, lorsqu'il se sent rassuré par l'apparente inactivité de la justice, pour écouler ce dont il s'est emparé — On se rappelle comment Pranzini s'est découvert ; si les dépositions des témoins desquels avait été obtenu le signalement des bijoux volés avaient été publiques ou publiées, vraisemblablement qu'il se serait mis en garde. — Si les soupçons portent déjà sur une personne déterminée et qu'elle soit à moitié endormie dans une fausse sécurité, combien sera-t-il plus facile de saisir toute démarche de sa part pour jouir du produit du crime, en le dépensant, ou pour s'en débarrasser ! — Convenablement filé, celui qui a pris l'habitude des attentats à la pudeur, finira par se laisser surprendre. — Le besoin de communiquer sa pensée est si grand chez l'homme, créature essentiellement sociable, qu'il est de nature à entraîner, dès que le danger semble conjuré, bien des imprudences de langage dont la police fera son profit ; quoi de plus significatif à cet égard que le cas de Gamahut révélant son forfait à un étranger qu'il voyait pour la première fois ! Ce n'est pas seulement d'ailleurs par les confidences des prévenus que l'on aboutit, mais aussi par celles auxquelles se laissent aller, dans l'intimité, des témoins qui hésitent à dire la vérité aux magistrats. — Un abus est commis, par exemple, dans l'administration des postes, sans que l'on sache à qui l'attribuer. Le procédé employé habituellement, c'est de lancer des lettres, dites d'épreuve, dont la circulation est l'objet d'une surveillance particulière ; la lettre d'épreuve disparaissant, les soupçons se fixent ; la surveillance devient plus précise, et le coupable, qui ne s'en doute pas, est bientôt pris en flagrant délit. C'est le cas du facteur V... — Quels seraient les résultats d'une perquisition, d'une saisie de lettres à la poste, si celui qu'elle vise était prévenu ?

Le terme naturel de cette période du secret absolu, pendant laquelle le contrôle du magistrat instructeur ne saurait appartenir qu'à d'autres autorités, dont la discrétion serait sûre, c'est le moment où les présomptions recueillies sont suffisantes pour légitimer une arrestation ou pour fournir les éléments d'un interrogatoire : c'est l'arrestation ou le premier interrogatoire.

Nous ne concevrions pas d'ailleurs que l'on refusât d'admettre que la direction de l'information, dans cette période, puisse être confiée au juge d'instruction. Ce serait la laisser exclusivement et nécessairement aux Parquets, à la police, aux administrations, dont les enquêtes sont faites sans la plupart des garanties qui existent déjà, comme nous l'avons montré, dans la procédure secrète devant le juge d'instruction : résultat d'un illogisme trop frappant, pour des réformateurs préoccupés de prendre de nouvelles précautions contre l'éventualité d'erreurs de poursuites.

Faut-il aller, dans la voie de la réforme poursuivie, plus loin que l'assistance d'un défenseur, en dehors de cette période où le secret doit être nécessairement absolu ? On a proposé d'ajouter à cette garantie le contrôle du public: La justice apparente produit la justice réelle, a dit Bentham ; ce serait rassurer l'opinion. Telles sont les considérations, puissantes assurément, que l'on fait valoir. — Certaines restrictions tout au moins s'imposent. A l'audience, la personne qui dépose n'a pas entendu les déclarations de celles qui l'ont précédée. — On redoute justement l'influence que les témoins peuvent exercer les uns sur les autres : intimidation pour ceux qui voudraient être sincères, encouragement pour les autres ; c'est un phénomène psychologique très curieux, mais bien connu de ceux qui ont la pratique du criminel, que celui qui se produit chez certaines personnes qui arrivent à se convaincre par les déclarations des autres de ce qu'elles auraient présenté autrement avec hésitation, dans une formule plus ou moins dubitative ; le courant de l'opinion entraîne parfois à l'exagération, même à l'illusion ; en outre, le plus souvent le seul moyen de confondre les faux témoins n'est-il pas de les questionner sur des points sur lesquels ils avaient négligé de se concerter ? Ces considérations ont autrement de force dans la période d'information, car la physionomie de l'audience est en général celle de la procédure antérieure ; les témoins reproduisent des déclarations déjà faites et connues de tous ; ils se sentent liés. On ne saurait donc contester au Juge d'instruction la faculté de prendre des mesures pour empêcher la communication des personnes appelées en témoignage entre elles ou avec les conseils de l'inculpé. — Mais la difficulté c'est que, tant qu'une instruction reste ouverte, de nouveaux témoignages peuvent se produire ou paraître utiles ; la liste des témoins n'est pas formée dès l'origine. Le complice non encore découvert, le véritable coupable intéressé à détourner les soupçons sur d'autres, la famille prête à tous les efforts, ceux qui sont disposés à se prêter à des déclarations de complaisance ou désireux de satisfaire un sentiment de haine par la calomnie, feraient leur profit des renseignements qu'ils recuilleraient, en prenant place tout d'abord dans le public. Aussi en cas de transport, lorsque le magistrat instructeur opère dans un milieu où l'inculpé a ses amis et ses ennemis, ce n'est pas seulement par l'intérêt de l'accusation que le huis-clos est commandé. — On ne devrait pas oublier, quand on parle d'erreurs judiciaires, que la plupart sont dues à la légèreté ou à la mauvaise foi des témoins, dont le juge n'a été que la victime, et que c'est à leur égard surtout que des précautions doivent être prises.